# INHALTSVERZEICHNIS

CW00457671

Nachwort von Lily de Silva

# VORWORT

Khalil Gibran wurde am 6. Januar 1883 Bsharri im Libanon in einer maronitisch-christlichen Familie geboren und starb am 10.April 1931 in New York/Amerika. Als er 12 Jahre alt war, verließ seine Mutter ihren alkohol- und spielsüchtigen Mann und wanderte am 25.Juni1895 mit ihren drei Kindern nach Boston in Amerika aus, wo zu damaliger Zeit nach New York die zahlreichsten Gemeinschaften von Libanesen und Syrern der Vereinigten Staaten wohnten.

Khalil besuchte dort eine Schule für Immigranten, die Englisch lernen sollten und „amerikanisierte" seinen libanesichen Namen und die Schreibweise „Gibran Khalil Gibran" in „Kahlil Gibran", unter dem er in späteren Jahren weltweit bekannt werden sollte. Im dortigen Schulunterricht entdeckte einer von Khalil Gibrans Lehrern seine überragenden kreativen Fähigkeiten in der Malerei und stellte ihn dem Fotografen und Verleger Francis Holland Day vor. Dieser regte Kahlil dann auch nicht nur zum Malen, sondern auch zum Schreiben an. Im Alter von 15 Jahren ging er für vier Jahre nach Bsharri im Libanon zurück, um dort Arabisch und französische Literatur zu studieren. Hier gab er auch seine erste literarische Zeitung heraus. Als er 1902 wegen dem Tod seiner Schwester nach Boston zurükkehrte, verlor er im darauf folgenden Jahr auch noch seinen älteren Halbbruder und seine Mutter.

1904 wurden Kahlil Gibrans Zeichnungen zum ersten Mal in Fred Holland Days Atelier in Boston ausgestellt. Sein erstes Buch veröffentlichte er 1905 in arabischer Sprache in New York City. Mit seiner vertrauten Freundin Mary Elizabeth Haskell studierte er englische Literatur und sie ermöglichte es ihm dann auch, von 1908 bis 1910 ein Kunst-Studium in Paris zu absolvieren.

1911 kehrte er dann in die Staaten zurück, ließ sich 1912 in New York nieder und stellte seine Bilder in zahlreichen Galerien aus. 1918 veröffentlichte Alfred A. Knopf in seinem Verlag „Everyman's Library" Kahlil Gibrans erstes Buch in englischer Sprache namens „The Madman", dem im Laufe der Jahre noch dreißig weitere größere und kleinere Schriften folgen sollten. Gibran verfasste auch nach wie vor arabische Werke, die jedoch mehr politische und soziale Themen behandelten.

„The Prophet" erschien erstmals 1923 und ist bis heute weltberühmt. Sein Essay „Über die Kinder" wurde zu einem der Leitsprüche der 68ger Generation des 20.Jahrhunderts. Kahlil Gibran verstarb im Alter von 48 Jahren in New York, von wo aus sein Leichnam dann in den Libanon überführt wurde.

§§§§§§§§§§§§§§§§§§§§§§

# ÜBER DIE LIEBE

Wenn Liebe Dir winkt so folge ihr, ist auch ihr Weg hart und steil. Und wenn ihre Flügel dich entfalten wollen, so überlasse dich ihr, auch wenn in ihren Schwingen ein Schwert versteckt ist, das dich möglicherweise verletzen könnte. Wenn Liebe zu dir spricht, so glaube ihr, auch wenn dich ihre Stimme aufrüttelt wie der Nordwind den Garten durcheinander bringt.

Denn so wie dich die Liebe krönt, so wird sie dich auch kreuzigen und wie sie dein Wachsen bewirkt, so wird sie dich beschneiden, lässt dich an Größe zunehmen und macht, dass deine zärtlichsten Gefühle im Sonnenlicht erbeben. Sie wird dich mit deinen tiefsten Wurzeln konfrontieren, wird prüfen, inwieweit du in dir selbst ruhen kannst.

Wie Kornbündel wird dich die Liebe um sich versammeln, drischt dich, bis du unbekleidet vor ihr stehst, trennt Korn von Schrot bis die Essenz aufscheint, schält heraus dein innerstes Selbst und knetet dich, bis du geschmeidig bist. Und dann ruft sie dich an ihr geheiligtes Feuer, auf dass du zur (ein)geweihten Nahrung wirst beim Göttlichen Mahl. All dies wird die Liebe dir antun, auf dass du die tiefsten Geheimnisse Deines Herzens erkennen lernst und durch dieses Wissen einen Teil des Lebenssinns erfüllst.

Wenn du jedoch aus Kleinmut nur den Frieden und die Vergnügungen suchst, die Liebe dir schenken kann, wird es besser für dich sein, du verbirgst deine Nacktheit, hältst dich von den Mühlen der Liebe fern und fliehst in das vogelfreie Lachen einer jahreszeitlosen Welt, wo du jedoch nie die ganze Tiefe deines Lachens erfahren wirst, wie auch nicht die der Tränen, die du um der Liebe willen vergießt.

Liebe gibt nichts als sich selbst und nimmt nichts als sich selbst
Liebe will weder besitzen noch besessen sein,
denn Liebe genügt sich als Liebe an sich.
Wenn du liebst, solltest du nicht sagen:"Gott ist in meinem Herzen", sondern: "Ich bin (durch die Liebe) im Herzen Gottes".
Und glaube nicht, du könntest die Wege der Liebe bestimmen, denn wenn du auserkoren bist, so wird die Liebe deinen Weg bestimmen. Liebe hat keinen anderen Wunsch als sich selbst zu erfüllen, schmelzt dich und lässt dich sein wie ein fließender Bach, der seine Melodie der Nacht zu erkennen gibt.

So sollst du den Schmerz von zu viel Zärtlichkeit erkennen lernen, wirst verwundet durch dein Erkennen der Liebe, blutest willentlich und findest Vergnügen darin. Erwache morgens mit beflügeltem Herzen und bedanke dich für einen neuen Tag der Liebe, nimm die Mittagsruhe um über die Verzückung der Liebe zu meditieren und kehre abends heim in Dankbarkeit.
Dann schlafe ein mit einem Liebesgebet in deinem Herzen und einem Loblied auf deinen Lippen.

§§§§§§§§§§§§§§§§§§§§

# ÜBER DIE EHE

Gemeinsam wurdet ihr geboren und werdet zusammen sein für alle Zeit, werdet vereint sein, wenn die weißen Todesschwingen euch überschatten, selbst in dem ruhenden Gedächtnis Gottes werdet ihr zusammen sein. Doch gebt euch gegenseitig Raum in eurer Gemeinsamkeit und lasst des Himmels Winde zwischen euch tanzen. Liebt euch - jedoch macht daraus keine Liebespflicht, lasst es eher sein wie eine Wellenbewegung, die zwischen euren Seelen hin und her schwingt.

Füllt euch wechselseitig eure Becher, trinkt jedoch nie aus des anderen Gefäß. Gebt dem anderen von eurem Brot, doch esst nicht vom selben Laib. Singt und tanzt zusammen, seid vergnügt, doch lasst jeden sich selbst sein, wie die Saiten einer Laute jede für sich sind, obwohl sie zusammen einen musikalischen Klang erzeugen.
Gebt eure Herzen, jedoch nicht um sie einander aufzubewahren, denn nur die Hand des Lebens selbst kann eure Herzen halten. Steht zueinander, jedoch nicht zu nah beisammen, denn die Säulen eines Tempels müssen getrennt voneinander stehen und Eiche und Zypresse können nicht

wachsen, wenn sie im Schatten des anderen stehen.

§§§§§§§§§§§§§§§§§§§§

# VON DEN KINDERN

Eure Kinder sind nicht e u r e Kinder, denn sie sind Söhne und Töchter von des Lebens Verlangen nach sich selbst.
Sie kommen durch euch, doch nicht von euch und obwohl sie bei euch sind, so gehören sie euch nicht.
Ihr könnt ihnen eure Liebe geben, jedoch nicht eure Gewohnheiten und Meinungen, denn sie haben ihre eigenen Gedanken.
Ihr könnt ihren Körpern ein Zuhause geben, jedoch nicht ihren Seelen.

Denn ihre Seelen wohnen im Haus von Morgen, das ihr nicht besuchen könnt, nicht einmal in euren kühnsten Träumen.
Ihr könnt danach streben, ihnen gleich zu werden, jedoch versucht nicht, sie euch gleich zu machen, denn der Lebensprozess geht niemals zurück, noch verweilt er beim Gestern.

Ihr seid lediglich wie ein Bogen, von dem aus eure Kinder als lebende Pfeile ausgesendet wurden.
Der Bogenschütze weiß um die Markierungen auf dem Pfad des Unendlichen und biegt euch mit all

seiner Kraft, auf dass seine Pfeile schnell und weit fliegen.

Lasst euch das Beugen durch des Bogenschützen Hand zur Glückseeligkeit werden, denn ebenso wie Er den fliegenden Pfeil liebt, so liebt er auch den Bogen, der in sich standhaft und fest bleibt.

§§§§§§§§§§§§§§§§§§§§§

# ÜBER DEIN ZUHAUSE

Baue nach deinen Vorstellungen eine Laube in der Wildnis, bevor du ein Haus innerhalb der Stadtmauern baust. Denn so, wie du in deiner Abend-Dämmerung heimkehrst, hast du auch einen Wanderer in dir, der ewig die Ferne und das einsame Einsame liebt.

Dein Haus ist wie dein größerer Körper: Es wächst in der Sonne und schläft in der Stille der Nacht - und es ist nicht traumlos. Träumt dein Haus nicht? Und verlässt träumend die Stadt in Richtung Hain oder Hügel?

Könnte ich doch deine Häuser in meine Hand nehmen und sie wie ein Sämann in Wald und Wiese streuen. Wären die Täler deine Gassen und die grünen Pfade deine Wege, dass ihr einander durch Weinberge suchen und mit dem Duft der Erde in euren Kleidern kommen könntet.

Aber diese Dinge sollen wohl noch nicht sein. In ihrer Angst vor dem Alleinsein haben eure Vorväter zu nahe zusammen gebaut. Und diese Angst wird noch ein wenig länger anhalten. Noch eine Weile sollen deine Stadtmauern deine Herde von deinen Feldern trennen.

Und sag mir, was versteckst du in diesen deinen Häusern? Und was bewacht ihr mit verschlossenen Türen? Hast du Frieden in dem stillen Drang, der deine Kraft offenbart? Hast du Erinnerungen, die schimmernden Bögen gleich die Gipfel des Geistes überspannen? Hast du in dir eine Schönheit, die dein Herz von Dingen aus Holz und Stein zum heiligen Berg führt? Sag mir, hast du so etwas in deinem Haus?

Oder hast du nur Luxus und die Freude am Luxus - jenes verstohlene Ding, das erst als Gast in ein Haus eindringt, dann zum Gastgeber wird und schließlich alles beherrscht? Ja, und dann wird es zu deinem Dompteur und macht mit Haken und Geißeln die Marionetten deiner größten Begierden. Obwohl seine Hände aus Seide sind, ist sein Herz aus Eisen. Es lullt dich in den Schlaf, nur um neben deinem Bett zu stehen und die Würde des Fleisches zu verhöhnen. Es macht sich über deine gesunden Sinne lustig und legt sie wie zerbrechliche Gefäße in dornigen Flaum. Wahrlich, die Lust nach luxuriöser Bequemlichkeit legt die Bedürfnisse deiner Seele lahm und geht dann grinsend zu deiner Beerdigung.

Aber ihr erwachten Menschenwesen, die ihr rastlos in eurer Ruhe seid, ihr sollt weder gefangen noch gezähmt werden. Euer Haus soll kein Anker, sondern ein Mast sein. Es soll kein glänzender Film sein, der eine Wunde bedeckt, sondern ein Augenlid, das das Auge schützt.
Du sollst deine Flügel nicht falten müssen, um durch Türen zu gehen, deinen Kopf nicht beugen, um nicht gegen eine Decke zu stoßen und auch keine Angst haben zu atmen, weil sonst Wände brechen oder einstürzen könnten.
Ihr sollt nicht in Gräbern wohnen, die die Toten für die Lebenden gemacht haben. - Und obwohl es von bezaubernder Pracht ist, wird dein Haus weder dein Geheimnis bewahren noch deine Sehnsucht beherbergen.

Denn das, was grenzenlos in dir ist, wohnt im Haus des Himmels, dessen Tür der Morgennebel ist und dessen Fenster die Lieder und die Stille der Nacht sind.


§§§§§§§§§§§§§§§§§§§§§

# VOM ESSEN UND TRINKEN

Ach, könntet ihr nur vom Duft der Erde leben, wie eines dieser Luft-Geschöpfe, die durch das reine Licht ernährt werden. Nachdem ihr jedoch für euer Essen töten müsst und für euren Durst dem Neugeborenen seine Muttermilch raubt, so lasst diese Handlungen wenigstens zu einem Akt der Verehrung werden. Lasst euren Teller einen Altar sein, der den Unschuldigen des Waldes und der Ebene geweiht ist, auf dass sich ihre Reinheit und Unbeflecktheit auf euch übertrage.

Wenn ihr ein Tier tötet, so sagt zu ihm in eurem Herzen: "Mit derselben Kraft, die dich jetzt erschlägt, werde auch ich einst niedergemäht werden, zum Konsum eines anderen. Denn dieselbe Gesetzesfreiheit die meine Hand handeln lässt, bestimmt mich einer fähigeren Hand. Dein, wie auch mein Blut sind nichts anderes als die Lebenskraft, die dem universellen Baum zur Nahrung dient.
Und wenn du deine Zähne in Apfel-Fleisch gräbst, so sprich dazu in deinem Herzen: "Deine Samen werden in meinem Körper leben und die Knospen deines Morgens werden in meinem Herzen erblühen. Dein Duft wird meinem Atem

entströmen und gemeinsam werden wir uns aller Jahreszeiten erfreuen.

Und im Herbst, wenn du Trauben für die Presse deiner Weinkellerei sammelst, sprich dazu in deinem Herzen: "Auch ich bin wie ein Weinstock, dessen Früchte eines Tages für die Weinpresse eingesammelt werden, die dann zu "neuem" Wein gepresst und in ewigen Fässern aufbewahrt werden."

Im Winter dann, wenn Du diesen Wein trinkst, so sei ein Lied für jeden Becher in Deinem Herzen. Es soll in Dir die Erinnerung an die Herbsttage wachrufen und an die Weinberge, wie auch die stets wartende Weinpresse.

§§§§§§§§§§§§§§§§§§§§

# VON DER SCHÖNHEIT

Wie kannst du Schönheit suchen und wie kannst du sie finden, wenn nicht sie selbst dein Weg und deine Anleitung ist? Und wie kannst du von ihr sprechen, wenn nicht die Schönheit selbst deine Sprache geformt hat?

Die Traurigen und die Geschädigten pflegen zu sagen: „Schönheit ist freundlich und sanft. Sie ist wie eine junge Mutter, die noch halb-scheu wegen ihres Reichtums ist, so wandelt sie zwischen uns."

Und die Leidenschaftlichen werden sagen: „Nein, Schönheit ist eine Sache von Macht und Furcht – wie ein Sturm erschüttert sie die Erde unter uns und den Himmel über uns."

Die Müden und die Schwachen sagen: „Schönheit ist wie ein sanftes Flüstern, das uns aus der Seele spricht. Ihre Stimme weicht unserem Schweigen zurück, wie ein schwacher Lichtschein, der in Angst vor seinem Schatten erzittert."

Aber die Ruhelosen sprechen so: „Wir haben ihre Schreie zwischen den Bergen gehört. Und mit ihnen erklang der Klang von Pferdehufen, Flügelschwingen und dem Brüllen des Löwen."

Nachts sagen die Wachmänner der Stadt: „Schönheit wird wieder zur Dämmerung von Osten her aufsteigen.“

Und zur Mittagszeit sagen die Werktätigen und die Wanderer: „Wir haben sie gesehen, als sie sich aus dem Fenster des Sonnen-Untergangs über die Erde beugte.“

Im Winter sagt der Eingeschneite: „Sie wird mit dem Frühling kommen, der von Hügel zu Hügel springt.“

Und in der Sommerhitze sagen die Schnitter: „Wir haben gesehen, wie sie mit den Herbstblättern tanzte und wir haben eine Schneewehe in ihrem Haar gesehen.“

All diese Dinge habt ihr über die Schönheit gesagt.

Doch in Wahrheit habt ihr nicht von ihr gesprochen, sondern von euren unbefriedigten Bedürfnissen.
Aber Schönheit ist keine notwendige Bedingung, sondern eine Ekstase.
Sie ist weder ein dürstender Mund, noch eine ausgestreckte Hand, sondern eher ein entflammtes Herz und eine verzauberte Seele.
Schönheit ist nicht das Bild, das ihr seht, noch das Lied, das ihr hört, sondern dasjenige Bild, das ihr durch eure geschlossenen Augen seht und die innere Melodie, die du ohne deine äußeren Ohren hörst.

Schönheit ist nicht der Saft in der gefurchten Rinde und nicht ein Flügel, der an einer Kralle befestigt ist, sondern ein duftender Garten, der für immer in Blüte steht und die Triangel-Formation von Engeln, die ewig am Himmel fliegen.

Meine lieben Menschen – Schönheit ist Leben und wenn das Leben sein heiliges Gesicht enthüllt.

Aber ihr seid Leben und ihr seid die Verschleierung.
Schönheit ist Ewigkeit, die sich im Spiegel der Menschen ansieht.
Und da ihr die Ewigkeit seid, seid ihr auch die Spiegel.


§§§§§§§§§§§§§§§§§§§§§§

# ÜBER DIE KLEIDUNG

Deine Kleider verbergen viel von deiner Schönheit, aber sie verbergen nicht das Unschöne. Und obwohl du in Kleidungsstücken die Freiheit der Privatsphäre suchst, findest du in ihnen vielleicht ein behinderndes Geschirr oder eine Kette.

Könntest du der Sonne und dem Wind mit mehr deiner Haut und weniger von unserer Kleidung begegnen. Denn der Atem des Lebens ist im Sonnenlicht und die Hand des Lebens ist im Wind.

Einige von euch sagen: „Es ist der Nordwind, der die Kleider gewebt hat, die wir tragen". Und ich sage, „ja, es war der Nordwind". Aber Schamhaftigkeit war sein Webstuhl, und das Schwachwerden der Sehnen war sein Faden. Und als er seine Arbeit getan hatte, lachte er im Wald.

Vergiss nicht, dass Schamhaftigkeit ein Schutzschild gegen die Augen der Gefallenen ist. Und wenn die Gefallenen nicht mehr sein werden, was war die Schamhaftigkeit dann anderes als eine Fessel und eine Befleckung des Geistes?

Und vergiss nicht, dass die Erde gerne deine nackten Füße spürt und der Wind sich danach sehnt, mit deinen Haaren zu spielen.

§§§§§§§§§§§§§§§§§§§§§§

## VOM KAUFEN und VERKAUFEN

Die Erde schenkt dir ihre Früchte, und es wird dir an nichts fehlen, wenn du nur deine Hände zu füllen verstehst. Beim Austausch der Gaben der Erde wirst du Fülle finden und zufrieden sein. Doch - wenn der Austausch nicht in Liebe und freundlicher Gerechtigkeit erfolgt, wird er einige nur zur Gier und viele andere zum Hunger führen. Wenn ihr auf dem Marktplatz arbeitet, trefft ihr auf die Fischer des Meeres, die Bauern der Felder und Weinberge, die Weber und Töpfer und die Heilkräuter-Sammler. Ruft sodann den Ur-Geist von Mutter Erde an in eure Mitte zu kommen, um die Waage und die Abrechnung zu segnen, die Wert gegen Wert abwägt.

Und lass nicht zu, dass Händler mit unlauteren Gedanken an deinen Transaktionen teilnehmen, die ihre Worte für deine Arbeit verkaufen wollen und selbst nichts zur Ernte beigetragen haben. Zu solchen Menschen solltest du sagen: „Komm mit uns auf die Felder, oder geh mit unseren Brüdern auf's Meer und wirf deine Netze aus; denn das Land und das Meer werden dir ebenso reichlich geben, wie uns."

Und wenn die Sänger und die Tänzer und die Flötenspieler kommen, kauf auch von ihren Geschenken. Denn auch sie sind Obst- und Weihrauchsammler, und was sie bringen, ist Kleidung und Nahrung für deine Seele, obwohl sie nur aus „Träumen" besteht.

Und bevor du den Marktplatz wieder verlässt, sieh zu, dass niemand seinen Heimweg mit leeren Händen geht. Denn der Urgeist der Erde wird nicht friedlich im Wind schlafen, bis die Bedürfnisse der Geringsten unter euch befriedigt sind.

§§§§§§§§§§§§§§§§§§§§

# ÜBER DAS REDEN

Du sprichst, wenn du aufgehört hast, friedlich in deinen Gedanken zu ruhen. Und wenn du nicht mehr länger in der Einsamkeit deines Herzens verweilen kannst, lebst du durch deine Lippen, und der Klang wird dir zur Zerstreuung und zum Zeitvertreib.

In vielen deiner Reden wird dein Denken halb erstickt. Denn das Denken ist wie ein Vogel des Weltenraums, der in der Fokussierung durch Worte zwar seine Schwingen entfalten, nicht aber fliegen kann.

Es gibt diejenigen unter euch, die aus Angst vor dem Alleinsein das Gespräch suchen, da die Stille des Alleinseins in ihren Augen ihr nacktes Selbst offenbart, vor dem sie fliehen möchten. Und es gibt diejenigen, die reden und ohne ihr Wissen oder ihre Voraussicht eine Wahrheit offenbaren, die sie selbst nicht verstehen. Dann wieder gibt es diejenigen, die die Wahrheit zwar kennen, sie aber nicht mit Worten ausdrücken. Im Schoße solcher Menschen wohnt der Geist in rhythmischer Schweigsamkeit.

Wenn du einen Freund am Straßenrand oder auf dem Marktplatz triffst, lass den Geist in dir deine Lippen bewegen und deine Zunge lenken. Lass die Stimme in deiner Stimme zu dem Ohr in seinem Ohr sprechen. Denn seine Seele wird die Wahrheit deines Herzens bewahren, sowie der Geschmack des Weins in Erinnerung bleibt, wenn auch die Farbe vergessen ist und das Gefäß schon längst nicht mehr existiert.

§§§§§§§§§§§§§§§§§§

# ÜBER DAS LEHREN

Kein Mensch kann dir etwas anderes offenbaren als das, was bereits schon halb im Dämmerschlaf deiner Erkenntnis liegt. Der Lehrer, der im Schatten des Tempels unter seinen Anhängern wandelt, schöpft nicht aus seiner Weisheit, sondern ist von seinem Glauben und seiner Liebe zu den Menschen beseelt. Wenn er wirklich weise ist, bittet er dich nicht, das Haus seiner Weisheit zu betreten, sondern er führt dich an die Schwelle deines eigenen Verständnisses.

Der Astronom mag dir von seinem Verständnis des Weltraums erzählen, aber er kann dir nicht sein Verständnis davon übertragen. Ein Musiker mag dir einen Rhythmus vorsingen, der überall vorhanden ist, aber er kann dir nicht sein Ohr geben, das diesen Rhythmus auffängt, noch die Stimme, die ihn widerhallen lässt. Und wer in der Wissenschaft der Zahlen bewandert ist, kann dir die Bereiche von Gewicht und Maß zwar erklären, aber er kann dich nicht zum Verständnis dessen bringen.

Denn die Auffassungsgabe des einen Menschen kann nicht auf einen anderen Menschen übertragen werden. Und so wie jeder von euch allein in Gottes Erkenntnis steht, so muss jeder von euch alleine in seiner Erkenntnis Gottes und in seinem Verständnis der Erd-Zusammenhänge sein.

§§§§§§§§§§§§§§§§§§§§§

## VON FREUDE UND SORGEN

Ihr könnt euch freuen, wenn ihr keine Sorgen habt, dass heißt dann aber nichts anderes, als dass dem Leid die Maske genommen wurde. Denn oft ist es der gleiche Beweggrund, der euch jetzt das Lachen bringt, der euch einstmals so viele Tränen abverlangte. Wie könnte es anders sein? - Denn, je tiefgreifendere Sorgen euer Leben aufwühlen, um so größere Freude verbirgt sich hinter dem Schleier dieser Aufgabe.

Ist nicht der Krug, der euren Wein enthält exakt derjenige, der vormals im Brennofen seine Form erhielt? Und ist es nicht auch die Laute, die heute euren Geist inspiriert und berührt, die einst mit scharfem Messer aus einem Stück Holz geschnitten wurde?

Wenn ihr vergnügt seid, so forscht tief in eurem Herzen nach und ihr werdet herausfinden, dass oft das, was euch nun Freude bereitet, euch vormals die größten Sorgen machte. Und wenn ihr Sorgen habt, überprüft wieder euer Herz und ihr werdet sehen, dass ihr in Wahrheit das beweint, was einst eure Freude war.

Einige von euch sagen: "Freude ist größer als Leid" - andere wiederum meinen: " Nein, für mich sind Sorgen wesentlich schwerwiegender...". Ich aber sage euch, dass sie direkt voneinander abhängen und wie die zwei Seiten einer Münze sind. Sie gehören zusammen - und wenn eines von ihnen alleine bei euch mit am Tisch sitzt, erinnert euch daran, dass das andere möglicherweise gleich nebenan in eurem Bett zu finden ist. In Wahrheit ist es nicht möglich, Freude oder Leid den Vorzug zu geben, da beide in euch gleichwertig angelegt sind. Nur wenn ihr leer seid, in eurer Mitte ruht und innerlich ausgeglichen, könnt ihr diesem Kreislauf entrinnen.

Wenn ihr dereinst vor dem "höchsten Gericht" steht, werden Freude oder Leid unerheblich sein, denn dann zählen nur noch Ergebnisse.

§§§§§§§§§§§§§§§§§§

# ÜBER DIE VERGNÜGUNGEN

Vergnügungen sind ein Lied der Freiheit
aber sie sind nicht die Freiheit.
Sie sind das Aufblühen deiner Wünsche
und doch sind sie nicht ihre Frucht.
Es ist ein Ruf aus der Tiefe, die nach der Höhe ruft,
aber Vergnügungen sind weder die Tiefe noch das Hohe.
Sie sind so, als ob der im Käfig eingesperrte Flügel erhielte
und doch geben sie den Raum nicht frei.
Oh ja, in Wahrheit sind Vergnügungen ein Lied das befreit
und ich flehe dich an, dass du es mit voller Inbrunst singst;
aber ich möchte nicht, dass nicht, dass du dabei dein Herz verlierst.

Viele eurer Jugendlichen suchen nichts anderes als Vergnügungen und sie werden verurteilt und getadelt. An eurer Stelle würde ich sie nicht bestrafen, sondern sie lieber ausprobieren lassen, damit sie nicht nur die Vergnügen finden, sondern alles andere auch.
Insgesamt sind es sieben an der Zahl und nicht zuletzt eine von ihnen ist wesentlich schöner als Vergnügen.
Habt ihr noch nie von dem Mann gehört, der in der Erde nach Wurzeln grub und dabei einen Schatz fand?

Einige von euch Älteren erinnern sich mit Bedauern an ihre einstigen Freuden, so als ob sie damals in Trunkenheit irgend etwas Falsches getan hätten. Aber Bereuen ist die Vernebelung des Geistes und nicht seine Züchtigung. Dabei sollten sie sich mit Dankbarkeit an ihre Vergnügungen erinnern, so wie an die Ernte eines fruchtreichen Sommers. Aber wenn es sie tröstet, ihre Freuden zu bedauern, so lass dies ihren Trost sein.

Und dann gibt es diejenigen unter euch, die nicht mehr jung genug zum Suchen sind und nicht alt genug zum Bereuen, um in Erinnerungen zu schwelgen. In ihrer Angst „offen" zu suchen und ihrer Scheu sich zu erinnern, spiegeln sie alle Vergnügungen, ohne sie geistig zu reflektieren oder sich offen gegen sie zu wenden. Und genau darin liegt ihr Vergnügen.
Und so finden letztlich auch sie einen Schatz, obwohl sie mit zittrigen Händen graben. Aber sagt mir, wer ist der, der den großen Geist der Natur beleidigen kann? Kann die Nachtigall die Stille der Nacht beleidigen, oder das Glühwürmchen die Sterne? Und würde die Flamme eures Feuers oder der Rauch den Wind beeinträchtigen? Oder glaubt ihr, dass der Geist wie ein Weiher ist, den man mit einem Stock aufwühlen kann?

Wenn ihr euch die Vergnügungen versagt, wird euer Verlangen in die Tiefen eures Seins, ins Unbewusste verlagert. Es kann sein das das, was heute unterdrückt wurde, morgen nach Verwirklichung ruft. Das alles ist in euch gespeichert und dieses „Körper-Erbe" fordert irgendwann mal sein Recht und lässt sich nicht täuschen. Dein Körper ist die Harfe deiner Seele und es liegt an euch, ob daraus süße Melodien erklingen, oder verwirrte, unterdrückte Klänge.

Und nun fragt ihr euch in euren Herzen: „Wie sollen wir unterscheiden können, welche Vergnügungen gut und welche nicht so gut sind?"
Geht in eure Felder und Gärten und da werdet ihr lernen, dass es der Biene Vergnügen bereitet, den Honig von den Blüten einzusammeln. Und ebenso freut sich die Blüte mit Honig zu locken, da die Biene ihre Samen weiter trägt. Denn die Bienen und die Blumen sind direkte Quellen des Lebens selbst.
Dadurch sind die Bienen, als auch die Blüten Botschafter der Liebe. Und für beide, die Biene und die Blüte ist Geben und Empfangen von Freude ein Bedürfnis sowie Ekstase.
Darum lebt auch eure Liebe zueinander so wie Bienen und Blüten.


§§§§§§§§§§§§§§§§§§§§§

# ÜBER DIE ARBEIT

Ihr arbeitet, um mit der Erde und der Erd-Seele Schritt halten zu können. - Wenn ihr darin müßig werdet, so entfremdet ihr euch den Jahreszeiten, handelt gegen den stets majestätisch voranschreitenden Evolutions-Prozess des Lebens und missachtet eure Verantwortung gegenüber dem Ur-Gesetz. - Eure Arbeit könnte euch zu einer Flöte machen, durch deren Herz sich das Geflüster der Stunden in Musik verwandelt. Wer von euch wird sich da zum tauben und geräuschlosen Schilfrohr abstempeln lassen, wo alles rundherum in schönstem Einklang singt und klingt?

Es wurde dir immer erzählt, dass Arbeit wie ein Fluch sei und Beschäftigung der Beginn allen Unglücks. Ich aber kann dir sagen, dass du mit deiner Arbeit den fortschrittlichsten Traum der Erde erfüllst, der dir vorausbestimmt wurde, noch ehe du von ihm wusstest. Indem du dich sinnvoll beschäftigst, liebst du wahrhaft das Leben. Und wenn du dein Leben durch die Arbeit liebst, verstehst du das innerste Geheimnis des Lebens-Prozesses.

Wenn du aber den Schmerz des Gebärens als "Leiden" betrachtest und die Erhaltung deines Fleisches als einen Fluch, der dir auf die Stirn geschrieben wurde, so werde ich dir antworten, dass nichts außer deinem eigenen Stirnschweiß das weg waschen kann, was einst darauf geschrieben wurde. Auch wurde dir erzählt, dass das Leben nichts als "Dunkelheit" ist und in Deinem Überdruss wiederholst du genau das, was die Erschöpften dir vorgelebt haben. Ich aber sage dir, dass das Leben tatsächlich finster ist, wenn du dich ständig unter Druck setzt.

Aber alle Unterdrückung wird vergebens sein,
wenn Weisheit regiert
und alle Weisheit vergeht, wenn es es etwas zu "arbeiten" gibt
und aller Arbeits-Stress ist wie weggeweht,
wenn sich Liebe einstellt.
Und wenn du dann mit Liebe arbeitest, so stellst du dich Deiner Verantwortung dir selbst und anderen gegenüber, wie auch dem Göttlichen Prinzip.
Du fragst, wie das geht: "...mit Liebe arbeiten?"
- Es ist, wie wenn du ein Gewand aus den Fäden deines Herzens weben würdest, so als ob es für eine geliebte Person bestimmt sei.

- Es ist, wie ein Haus mit derselben Liebe und Fürsorglichkeit zu errichten, als ob deine eigene Familie darin wohnen sollte.

- Es ist, den Samen zärtlich der Erde anzuvertrauen, um dann mit Vergnügen zu ernten, so, als ob deine Lieben davon essen sollten.

So sollten alle deine Aktivitäten durch den kreativen Hauch deiner Individualität belebt werden. Auch solltest du wissen, dass alle gesegneten Toten mit dir sind und das beobachten, was du tust.

Oft hörte ich dich wie im Schlaf sagen: 'Derjenige, der Marmor bearbeitet und den Schatten seiner eigenen Seele aus dem Gestein schält, ist edler als einer, der die Erde pflügt. Und derjenige, der in Menschenkleider die Regenbogenfarben mit einwebt tut Wertvolleres, als jemand der die Sandalen für die Füße herstellt." -

Hierzu möchte ich - der ich nicht schlafe - bei der vollen Bewusstheit meines Seins sagen, dass auch der Wind nicht süßer den riesigen Eichen zu säuselt, als er es dem geringsten der Gräser gegenüber tut. Und nur derjenige ist wirklich groß, dem es gelingt die Stimme des Windes in ein Lied zu verwandeln, das süßer ist als sein Lieben. So kann alle Arbeit sichtbar gewordene Liebe werden.

Und wenn du nicht mit Liebe, sondern nur mit Widerwillen arbeiten kannst, so ist es besser, du gibst deine Arbeit auf, setzt dich ans Tor des Tempels und nimmst die Almosen derjenigen, die mit Vergnügen arbeiten. - Denn wenn du gleichgültig dein Brot bäckst, stellst du lediglich "bitteres" Brot her, dass noch nicht einmal die Hälfte des Hungers der Menschen stillt. Und wenn es dir zuwider ist, die Trauben zu Brei zu zerquetschen, so wird dein Groll den Wein vergiften. - Selbst wenn du wie ein Engel singen kannst und deinen Gesang nicht liebst, betäubst du nur die Ohren der Menschen und verhinderst, dass sie die natürlichen Stimmen des Tages und der Nacht wahrnehmen können.

§§§§§§§§§§§§§§§§§§§§§

# ÜBER DAS GEBEN

Wenig gibst Du, wenn Du nur von Deinen Besitztümern gibst. Wahres Geben ist, wenn Du Dich selbst gibst. Denn was ist Dein Besitz und all die Dinge die Du ängstlich bewachst - wirst Du sie morgen noch brauchen?

Und morgen - was bringt das Morgen dem über vorsichtigen Hund, der seine Knochen im pfadlosen Treibsand vergräbt, um den Pilgern in die heilige Stadt zu folgen? Und was ist die Angst um einen vermeintlichen Bedarf anderes als ein Bedürfnis selbst? Ist nicht die Furcht vor Durst - während Dein Brunnen gefüllt ist - ein mit nichts zu löschendes Bedürfnis?

Da gibt es diejenigen Menschen, die etwas von ihrem Überfluss abgeben, nur um auf sich aufmerksam zu machen und dieser versteckte Wunsch ist es, der ihre Gaben ungesund werden lässt.
Andere wiederum haben nur wenig und geben alles. Dies sind diejenigen, die an die Freigiebigkeit des Lebens selbst glauben und ihre Schatzkammer wird niemals leer sein.

Und wieder andere gibt es, die mit Vergnügen geben und genau diese Freude wird ihre Belohnung sein.

Und für jene Menschen, die unter Schmerzen geben, wird dieses Leid ihre Taufe sein.

Und dann gibt es noch diejenigen, die keinerlei Schmerz durch ihr Geben empfinden, noch Vergnügen daraus ziehen oder sich bewusst tugendhaft geben wollen: ihr Geben ist wie der süße Duft der Myrrhe im fernen Tal, die sich der endlosen Weite des Himmels schenkt. Durch die Hände dieser Menschen spricht Gott und durch ihre Augen lächelt er auf die Erde herab.

Es ist gut zu geben, wenn danach gefragt wird - besser ist es jedoch, ungefragt zu geben, einfach aus dem Mitgefühl heraus. Dem freigiebigen Menschen bereitet die Suche nach jemand, den er beschenken kann ein größeres Vergnügen als der Akt des Gebens selbst.

Gibt es denn irgendeinen Grund, der dich davon abhalten könnte? Alles, was du hast, wirst du eines Tages hergeben müssen. Darum ist es besser, jetzt zu geben - auf das die Jahreszeit des Gebens die deine sei und nicht die deiner Erben.

Oft sagst du: " Ich würde ja geben, aber nur denen, die es auch verdient haben..." - Was würdest du sagen, wenn sich die Bäume deines

Obstgartens so verhielten, oder die Schafe deines Weidelandes? Sie alle "geben", damit sie leben können, denn zögern führt ins Verderben.

Mit Sicherheit sind alle, die es wert sind, Tag und Nacht zu erleben, auch würdig, alles von dir zu erhalten. Diejenigen, die es verdient haben, von dem Ozean des Lebens zu trinken, sollten auch ihre Becher aus deinem kleinen Strom füllen können. - Und welch' größere Belohnung könnte es geben, als jene, die in dem Mut und dem Vertrauen, wie auch in der Nächstenliebe des Empfangenden liegt?

Wer bist du, dass Menschen sich ihr Herz zerreißen und ihren Stolz entschleiern müssen, nur damit du ihre Wertigkeit bloßgestellt siehst und ihren Stolz verlegen gemacht hast? Du solltest dich zu allererst darum kümmern, dass Du würdig wirst, zu geben und zu einem Instrument des Gebens wirst. Denn in Wahrheit ist es das Leben selbst, das Leben gibt - während du, der du dich als Gebender wähnst, nichts weiter als ein "Zeuge" dieses Prozesses sein kannst.
Und ihr Empfangenden - und wir alle sind Empfangende - fühlt euch weder zu übertriebenen Dankesbezeugungen verpflichtet, noch macht euch von demjenigen abhängig, der gegeben hat.

Auch sollt ihr nicht denken, dass Schenken euch oder dem Gebenden "Flügel" verleiht.
Denn wenn du ständig nur an deine Schulden denkst, so zweifelst du an der Großzügigkeit des wahrhaft Gebenden, der die freigiebige Erde zur Mutter hat und Gott als Vater.


§§§§§§§§§§§§§§§§§§§§

# VON GUT UND BÖSE

Vom Guten in dir kann ich sprechen, aber nicht vom Bösen. Denn was ist das Böse anderes als das Gute, das von seinem eigenen Hunger und Durst gequält wird? Wahrlich, wenn Gutes hungrig ist, sucht es sogar in finsteren Höhlen Nahrung, und wenn es dürstet, trinkt es auch aus toten Gewässern.

Du bist gut, wenn du eins mit dir selbst bist. Doch wenn du nicht eins mit dir selbst bist, bist du noch lange nicht böse. Denn ein geteiltes Haus ist keine Räuberhöhle; es ist lediglich ein geteiltes Haus.

Und ein Schiff ohne Ruder kann zwar ziellos zwischen gefährlichen Inseln umherirren, wird aber deshalb nicht auf den Grund sinken.

Du bist gut, wenn du danach strebst, von dir selbst zu geben. Doch du bist grundsätzlich nicht böse, wenn du Gewinn für dich suchst. Denn wenn du nach Gewinn strebst, bist du nur wie eine Wurzel, die sich an die Erde klammert und an ihrer Brust saugt. Gewiss kann die Frucht nicht zur Wurzel sagen: „Sei wie ich, reif und vollendet und gib mir immer von deiner Fülle". Denn für die

Frucht ist „Geben" ein Bedürfnis, sowie „Empfangen" ein Bedürfnis der Wurzel ist.

Du bist gut, wenn du in deiner Rede vollkommen wach bist. Du bist jedoch nicht böse, wenn deine Zunge planlos vor sich hin plappert, während dein Geist schläft. Und selbst eine stotternde Sprache kann eine schwache Zunge stärken.

Du bist gut, wenn du fest und mit mutigen Schritten deinem Ziel entgegen gehst. Doch du bist nicht böse, wenn du dich hinkend dorthin bewegst. Denn selbst wer hinkt, geht nicht zurück. Aber ihr, die ihr stark und geschickt seid, seht zu, dass ihr nicht vor dem Lahmen hinkt und es dann für Güte haltet.

Du bist auf unzählige Weise gut und wenn du nicht gut bist, bist du nicht böse, du bist lediglich vielleicht herumlungernd oder faul. Schade, dass die Hirsche den Schildkröten keine Schnelligkeit beibringen können.

In deiner Sehnsucht nach deinem unermesslichen Selbst liegt deine Güte: und diese Sehnsucht ist euch allen gemeinsam. Aber in einigen von euch ist diese Sehnsucht wie ein Strom, der mit Macht zum Meer strömt und die Geheimnisse der Hügel und die Lieder des Waldes in sich trägt.

Und in anderen ist es eher wie ein flacher Strom, der sich in Winkeln und Biegungen verliert und immer wieder verweilt, bevor er das Ufer erreicht. Aber lasst nicht den, der sich nach viel sehnt, zu dem sagen, der sich nach wenig sehnt: "Warum bist du langsam und stockend?"
Denn die wirklich Guten fragen nicht die Nackten: "Wo ist dein Gewand geblieben?", noch die Obdachlosen: "Was ist deinem Haus widerfahren?"

§§§§§§§§§§§§§§§§§§§§§

# VON VERNUNFT UND LEIDENSCHAFTEN

Deine Seele ist oft wie ein Schlachtfeld, auf dem deine Vernunft und deine Urteilsfähigkeit deine Leidenschaften und deinen Appetit bekämpfen. Könnte ich doch ein Friedensstifter in deiner Seele sein, der die Widersprüchlichkeit dieser Elemente in dir in Einheit und Harmonie verwandeln würde! Aber wie kann das sein, wenn nicht auch ihr selbst zu Friedensstiftern werdet, die alle Eigenschaften in sich selbst gleichberechtigt akzeptieren?

Dein Verstand und deine Leidenschaften sind wie Ruder und Segel deiner seefahrenden Seele. Wenn entweder deine Segel oder aber dein Ruder gebrochen sind, kannst du dich nur steuerlos treiben lassen, oder hast keinen Antrieb mehr, um dich zu bewegen. Denn alleinig herrschende Vernunft bewirkt Entwicklungs-Stillstand; und ungebremste Leidenschaften sind wie eine Flamme, die für ihre eigene Zerstörung brennt. Darum beseele deine Vernunft mit Leidenschaft, die aus wohlbegründeten Freuden singt und lenke deine Leidenschaften mit Vernunft, sodass deine Leidenschaften täglich ihre eigene Auferstehung erleben und sich erneut wie Phönix aus der Asche erheben.

Es wäre wünschenswert, wenn du dein Urteilsvermögen wie auch deinen Appetit in dir so gleichberechtigt akzeptierst, als ob du zwei geliebte Gäste in deinem Haus hättest. Sicherlich würdest du nicht einen Gast vor dem anderen bevorzugen; denn wer nur auf einen von beiden achtet, verliert die Liebe und das Vertrauen beider.

Wenn du inmitten der Hügel im kühlen Schatten der Silberpappeln sitzt und die Ruhe und Gelassenheit der fernen Felder und Wiesen spürst – dann lass dein Herz in Stille sagen: „Gott ruht in der Vernunft". Und wenn der Sturm kommt und der mächtige Wind den Wald durchbläst und Donner und Blitz die Majestät des Himmels verkünden, dann lass dein Herz in Ehrfurcht sagen: „Gott bewegt sich in Leidenschaft". Und da du ein Hauch in Gottes Sphäre und ein Blatt in Gottes Wald bist, solltest auch du in der Vernunft ruhen und dich in Leidenschaft bewegen.

§§§§§§§§§§§§§§§§§§§§

# ÜBER DIE FREIHEIT

Vor den Toren eurer Stadt und an euren Feuerstellen habe ich beobachtet, dass ihr euch prostituiert und dabei eurer vermeintlichen Freiheit huldigt. Das ist so, als ob Sklaven sich vor einem Tyrannen demütigen und ihn anbeten, obwohl er sie schlägt. In den Tempel-Wäldern und dem Schatten der Zitadelle sah ich die Freiesten unter euch ihre Freiheit wie ein Joch mit gefesselten Händen tragen. Mein Herz blutet, denn wie könnt ihr euch frei fühlen, wenn alleine schon die Suche nach Freiheit euch zum Zwang wird, anstatt Freiheit als ein erreichbares Ziel und eine Erfüllung zu sehen.

Ihr werdet erst dann wahrhaft frei sein, wenn ihr am Tage nicht mehr sinnlos dahin vegetiert und eure Nächte ohne Verlangen und Kummer sein werden. Denn das ist das, was euch knechtet! Könntet ihr euch doch nur darüber hinweg heben, ganz nackt und ungebunden. Aber wie sollte es möglich sein, dass ihr diese Art von Tagen und Nächten überwindet, wenn ihr euch nicht aus den Ketten befreit, die ihr euch selbst in der Dämmerung eures Verstehens geschmiedet habt und die nun eure Selbstverwirklichung verhindern?

In Wahrheit ist das, was ihr "Freiheit" nennt, die stärkste eurer Ketten, auch wenn sie noch so sehr in der Sonne glänzen mag und eure Augen blendet. Welche Teile eures Selbst würdet ihr opfern, um frei sein zu dürfen? Könnte es ein ungerechtes Gesetz sein, das ihr abschaffen wollt, eines, das ihr mit eurer eigenen Hand auf eure Stirn geschrieben habt? Ihr könnt es nicht durch das Verbrennen eurer Gesetzesbücher auslöschen und nicht, indem ihr die Köpfe eurer Richter wascht, auch wenn ihr das Meer über ihnen ausschütten würdet.

Wenn du einen Despot entthronen willst, sieh erst einmal nach, ob du selbst in deinem Herzen ganz frei von dieser Eigenschaft bist. Denn - wie kann es sein, dass ein Tyrann wahrhaft freie und selbstbewusste Menschen regiert, wenn diese nicht ihre eigene Freiheit unterjochen würden, zur Schande ihres persönlichen Stolzes? Und wenn es eine Verantwortlichkeit ist, die du von dir weist, solltest du dir darüber im Klaren sein, dass du selbst es warst, der einst diese Verpflichtung übernommen hat. Und wenn es eine Angst ist, die Du loswerden willst, bedenke, dass diese Angst tief in deinem Herzen verwurzelt ist und sie daher nicht so einfach mit der Hand oder mit Worten weggewischt werden kann.

Es gibt so viele Dinge, die in dir erst halb-bewusst oder latent verankert sind: erwünschte und gefürchtete, ungewollte und gehegte, aufoktroyierte und diejenigen, die Du am liebsten fliehen würdest. - Diese Veranlagungen bewegen sich wie Licht und Schatten in dir, in gegensätzlichen Paaren, die einander entsprechen.

Wenn es dir eines Tages gelingen sollte, die Schatten zu überwinden, so wird das verbleibende Licht von einem neuen, noch größeren Licht überschattet werden. - So wird es euch auch mit der Überwindung eurer Freiheits-Fesseln ergehen: wenn ihr sie individuell endlich erreicht habt, wird sie eingehen in die Abhängigkeit von der universellen Freiheit aller Menschen.

§§§§§§§§§§§§§§§§§§§§

# ÜBER DIE SELBST-ERKENNTNIS

Eure Herzen kennen insgeheim die Geheimnisse eurer Tage und Nächte. Deine Ohren dürsten nach dem Klang deines Herzenswissens und du möchtest mit Worten ausdrücken, was du schon immer in Gedanken gespürt hast. Auch würdest du gerne mit deinen Fingern die nackten Körper deiner Träume berühren.

Und das ist gut so. Die verborgene Quelle deiner Seele muss sich erheben und murmelnd in Richtung Meer fließen. Und der Schatz deiner unendlichen Tiefen wird sich schließlich vor deinen Augen offenbaren. Aber verwende keine Waage oder Wertung, um deinen bisher noch unbekannten Schatz zu wiegen und erforsche nicht mit Stab oder Lotschnur die Tiefen deines Wissens. Denn dein Selbst ist wie ein grenzenloses und unermessliches Meer.

Sage nicht „Ich habe die Wahrheit gefunden", sondern „Ich habe eine Wahrheit gefunden". Sage nicht „Ich habe den Weg der Seele gefunden". Sage lieber „Auf meinem Weg bin ich meiner Seele begegnet". Denn die Seele geht auf allen

Wegen. Die Seele geht nicht auf einer Linie, noch wächst sie wie ein Rohr, denn die Seele entfaltet sich wie ein Lotus aus unzähligen Blütenblättern.

§§§§§§§§§§§§§§§§§§§

# ÜBER DIE ZEIT

Als Astronom würdest die Zeit messen - das Maßlose ebenso, wie auch das Unermessliche. Als Mensch würdest du dein Verhalten anpassen und sogar den Lauf deines Geistes nach Stunden und Jahreszeiten lenken. Am liebsten würdest du aus der Zeit einen Bach machen, an dessen Ufer du sitzen und sein Fließen beobachten könntest.

Doch das Zeitlose in dir ist sich der Zeitlosigkeit des Lebens bewusst und weiß, dass gestern nur die Erinnerung von heute und morgen der Traum von heute ist. Und das, was in dir singt und kontempliert, lebt immer noch im Moment jenes ersten Augenblicks, der die Sterne im All zerstreute. Wer von euch fühlt nicht, dass seine Kraft zu lieben grenzenlos ist?

Und doch, wer fühlt nicht auch diese Art von altruistischer Liebe in sich, die grenzenlos im Zentrum seines Wesens eingebettet ist und sich nicht von vergänglichem Liebesgedanken zu Liebesgedanken bewegt, noch von Liebestaten zu anderen Liebestaten? Und ist die Zeit nicht ebenso wie die Liebe ungeteilt und fließend?

Aber - wenn du in Gedanken die Zeit in Jahreszeiten einteilen musst, dann lass jede Jahreszeit alle anderen Jahreszeiten beinhalten und lass uns hier und heute die Vergangenheit mit Erinnerung und die Zukunft mit Sehnsucht umarmen.

§§§§§§§§§§§§§§§§§§§§

# VON DER RELIGION

Habe ich in diesen Tagen von irgendetwas Anderem gesprochen?

Ist nicht „Religion" in allen Taten der Menschen, als auch in ihren Überlegungen?

Und das, was weder Tat noch Ausdruck ist, sondern ein Wunder oder eine Überraschung, die immer wieder aus den Tiefen der Seele auftauchen, sogar während die Hände einen Stein behauen oder den Webstuhl bedienen?

Wer kann sein Vertrauen von seinen Taten trennen, oder seinen Glauben von seinen Berufungen?

All deine Lebensstunden sind wie Flügelschwingen, die von Selbst zu Selbst durch den Raum schweben.

Wer aber seine Moral als sein bestes Kleidungsstück zur Schau trägt, der wäre besser unbekleidet. Wind und Sonne werden keine Löcher in seine Haut brennen.

Und wer sein Verhalten durch Ethik definiert, sperrt seinen eigenen Singvogel in einen Käfig. Das Lied der Freiheit kann nicht durch Gitter und Drähte wirken.

Aber wem Anbetung wie ein Fenster ist, dass man öffnen und schließen kann, hat noch nicht das Haus seiner Seele besucht, dessen Fenster von morgens bis abends geöffnet sind.

Euer tägliches Leben ist euer Tempel und eure Religion. Wann immer ihr euch darin bewegt, nehmt alles mit, was ihr seid. Nehmt mit euren Pflug und den Amboss, den Schlägel und die Laute.
All die Dinge, die euch wichtig sind, aber auch die, die euch Freude bereiten. Denn in Träumereien könnt euch nicht weiter entwickeln, aber auch nicht tiefer fallen als eure Fehler.

Und nehmt auch all eure Freunde mit ins Gebet:

Denn in der Anbetung könnt ihr nicht höher fliegen als die Hoffnungen von allen und die nicht mehr erniedrigen, als ihre tiefste Verzweiflung.

Und wenn ihr meint, Gott sei deshalb kein Rätsel-Löser und Befreier, dann betrachtet euch selbst und seht, wie Gott mit euren Kindern spielt. Und wenn ihr in den Himmel blickt, seht ihr Ihn auf einer Wolke gehen, wie Er die Arme in einem Blitz ausbreitet und im segensreichen Regen herab steigt.

Ihr könnt Gott in den Blüten lächeln sehen – dann steigt Er auf zu den Bäumen und winkt euch von dort zu.

§§§§§§§§§§§§§§§§§§§§§§

# ÜBER DAS GEBET

Ihr betet in Zeiten des Leids und in eurer Not - möget ihr auch in der Fülle eurer Freude und in euren Tagen des Überflusses beten! Denn was ist ein Gebet anderes als das Ausdehnen des Selbst in den lebendigen Äther? Und wenn es zu eurem Trost gereicht, eure Dunkelheit ins All zu gießen, so wäre es auch zu eurer Freude, die Morgen-Dämmerung eures Herzens auszugießen.

Und wenn du nicht anders kannst als zu weinen, wenn deine Seele dich zum Gebet ruft, soll sie dich auch immer wieder anspornen, ins freudige Lachen zu kommen, obwohl du weinst. Wenn du betest, fliegst du in den Äther, um diejenigen zu treffen, die genau zu dieser Stunde auch beten und denen du außer in deinen Gebeten vielleicht nie begegnen würdest.

Deshalb lass deinen Besuch in dem unsichtbaren Tempel deiner Gebete nichts als Ekstase und versüßende Gemeinschaft sein. Denn wenn du den Tempel zu keinem anderen Zweck betrittst, als zu bitten, wirst du nicht empfangen; und wenn du hineingehst, um dich zu demütigen, wirst du nicht erhoben werden.

Und selbst wenn du dich darauf einlässt, für das Wohl anderer zu bitten, wirst du nicht gehört werden. Es reicht aus, wenn du den Tempel ohne Absicht betrittst. Ich kann dir nicht beibringen, wie man mit Worten betet. Gott hört nicht auf deine Worte, es sei denn, Er Selbst spricht sie durch deine Lippen aus.

Und ich kann euch das Gebet der Meere und der Wälder und der Berge nicht lehren. Aber du, der du in den Bergen und Wäldern und an den Meeren geboren bist, kannst ihr Gebet in deinem Herzen finden.

Und wenn du in deiner Stille der Nacht zuhörst, wirst du sie schweigend sagen hören: „Unser Gott, der du unser beflügeltes Selbst bist, dein Wille geschehe durch uns, es ist Dein Verlangen in uns, das wünscht und es ist Dein Verlangen in uns, das unsere Nächte, die Dein sind, in Tage verwandeln möchte, die auch Dein sind".

Wir können dich um nichts bitten, denn Du kennst unsere Bedürfnisse, bevor sie in uns geboren werden: „Du bist unser Anliegen und indem Du uns mehr von Dir gibst, als was wir brauchen, gibst Du uns alles was wir benötigen."

§§§§§§§§§§§§§§§§§§§§§

# ÜBER DEN TOD

Ihr möchtet also gerne das Geheimnis des Todes wissen....

Aber wie könnt ihr ihn verstehen, wenn ihr nicht im Herzen des Lebens danach sucht? Die Eule, deren Nacht-Augen bei Tageslicht blind sind, kann euch nicht die Mysterien Sonnenlichts enthüllen.

Wenn du tatsächlich den Geist des Todes sehen möchtest, öffne dein Herz weit für den Körper des Lebens. Denn Leben und Tod sind eins, eben so wie Fluss und Meer eine einzige Wesenheit bilden.

In der Tiefe eurer Hoffnungen und Wünsche liegt ein stilles Wissen über das Jenseits verborgen. Und wie die Samen im Winter, so träumt auch ihr vom kommenden Frühling. Vertraut euren Träumen, denn in ihnen ist das Tor zur Ewigkeit verborgen.

Eure Angst vor dem Tod ist nur wie das Zittern eines Hirten der vor dem König steht, um durch dessen Hand zu Ehren zu kommen. Ist der Hirte hinter seinem Zittern nicht freudig erregt, die Ehrungen des Königs zu erfahren? Und trotzdem ist er wahrscheinlich nur mit seinem Zittern beschäftigt.

Was ist Sterben mehr, als nackt im Wind zu stehen und vom Sonnenlicht geschmolzen zu werden? Und was bedeutet es schon zu atmen aufzuhören, als den Atem von seinen rastlosen Gezeiten zu befreien, damit er aufsteigen und sich ausdehnen kann, um unangefochten nach Gott suchen zu können?

Nur, wenn du aus dem Fluss der Stille trinkst, wirst du wirklich singen.

Und wenn du dann einst die Bergspitze erreicht hast, kannst du zu klettern beginnen. Und erst dann, wenn die Erde deine Glieder beansprucht, dann wirst du wahrhaft tanzen.

§§§§§§§§§§§§§§§§§§§§

# ÜBER DEN SCHMERZ

Dein Schmerz bewirkt das Zerbrechen der Schale, die dein Verstehen umschließt. So wie der Kern einer Frucht brechen muss, damit sich ihr Herz in der Sonne entfalten kann, so musst du den Schmerz kennen lernen, um zu wachsen.

Und könnte dein Herz über die alltäglichen Wunder deines Lebens staunen, so würde dein Schmerz nicht weniger wunderbar erscheinen als deine Freude. Daher solltest du auch die Jahreszeiten deines Herzens akzeptieren, die den Jahreszeiten der Natur gleichen, die über deine Felder gehen. Denn dann würdest mit mehr Gelassenheit die Winterzeiten von Trauer und Schmerz annehmen.

Viele deiner Schmerzen sind selbst verursacht. Sie sind wie der bittere Trank, durch den der Arzt dein erkranktes Selbst heilt. Vertraue deshalb deinem inneren Arzt und trinke sein Heilmittel in Ruhe und Stille.
Denn obwohl seine Hand schwer und hart erscheint, wird sie doch von der zarten Hand des Unsichtbaren geführt. Und mag auch der Kelch den er bringt, deine Lippen verbrennen, so ist er doch aus dem Ton geformt, den der himmlische

Töpfer mit seinen eigenen heiligen Tränen benetzt
hat.

§§§§§§§§§§§§§§§§§§§§§§

# ÜBER DIE FREUNDSCHAFT

Durch einen Freund werden deine Bedürfnisse beantwortet. Er ist dein Acker, den du mit Liebe besähest und mit Danksagung erntest; er ist dein Halte-Brett und deine erwärmende Feuerstelle. Denn du kannst zu ihm mit deinem Hunger kommen und Frieden bei ihm suchen.

Wenn dein Freund seine Meinung sagt, fürchtest du nicht das „Nein" in deinem eigenen Kopf, noch hältst du das „Ja" zurück. Und wenn er schweigt, hört dein Herz nicht auf, auf sein Herz zu hören: denn in einer Freundschaft zählen keine Worte; und alle Gedanken, Wünsche und Erwartungen werden gemeinsam erdacht und geteilt, mit einer Freude, die nicht extra gefeiert werden muss.

Wenn du von deinem Freund getrennt bist, trauerst du nicht; denn das, was du am meisten an ihm liebst, mag in seiner Abwesenheit klarer sichtbar sein, sowie der Berg für den Bergsteiger von der Ebene aus wesentlich deutlicher zu erkennen ist.

Und lass Freundschaft keinen anderen Zweck haben außer der Vertiefung des Geistes. Denn

Liebe, die etwas anderes sucht als die Enthüllung ihres eigenen Geheimnisses, ist keine Liebe, sondern ein ausgeworfenes Netz, bei dem nur das Unnütze eingefangen wird.

Und spare dein Bestes für deinen Freund auf. Denn wenn er die Ebbe deiner Gezeiten kennen soll, dann lass ihn auch ihre Flut wissen. Du brauchst keinen Freund um die Zeit tot zu schlagen, sondern um deine Stunden mit Leben zu füllen. Und es ist eure Aufgabe, eure Bedürfnisse zu stillen, aber nicht eure Leere zu vertiefen.

Und in der Süße der Freundschaft soll gelacht und Freude geteilt werden. Denn im Tau der Kleinigkeiten findet das Herz seinen Morgen und wird erquickt.

§§§§§§§§§§§§§§§§§§§§

# ÜBER DIE GESETZGEBUNG

Es bereitet euch Freude, Gesetze zu erlassen, aber es bereitet euch mehr Spaß, diese zu brechen. Ihr seid wie Kinder am Strand die sehr ernsthaft Sandburgen bauen, um sie dann mit großem Vergnügen wieder zu zerstören. Aber während ihr eure Sandburgen baut, spült der Ozean mehr Sand an die Küste und wenn ihr die Gebäude wieder vernichtet, dann lacht das Meer mit euch, denn der Ozean lacht immer mit den Unschuldigen.

Aber was ist mit denen, für die das Leben kein Vergnügen ist und – menschengemachte Gesetze sind keine Sandburgen. Aber für wen ist denn das Leben wie ein Fels und das Gesetz wie ein Meißel, mit dem sie es nach ihrem Ebenbild meißeln wollen?

Und was ist mit dem Krüppel, der Tänzer hasst? Was ist mit dem Ochsen, der sein Joch liebt und den Elch und das Reh des Waldes für Streuner und Landstreicher hält? Was ist mit der alten Schlange, die ihre Haut nicht mehr abstreifen kann und alle anderen nackt und schamlos nennt?

Und von dem, der zu früh zum Hochzeitsfest kommt, und wenn er übersättigt und müde ist, seines Weges geht und sagt, dass alle Feste Übertreibung und alle Partygäste Gesetzesbrecher sind?

Was soll ich zu diesen sagen, außer dass sie auch im Sonnenlicht stehen, aber eben mit dem Rücken zur Sonne. Sie sehen lediglich ihre Schatten, und aus diesen Schatten leiten sie ihre Gesetze ab. Und was ist die Sonne anderes für sie als ein Schattenwerfer? Und was heißt es, die Gesetze anzuerkennen, als sich zu bücken und ihre Schatten auf die Erde zu werfen?

Aber du, der du der Sonne entgegen gehst, welche Bilder, die auf der Erde gezeichnet sind, könnten dich halten? Du, der du mit dem Wind reist, welche Wetterfahne soll deinen Kurs bestimmen?Welches Menschengesetz wird dich binden, wenn du dein Joch zerbrichst, ohne jemand anderem zu schaden?

Welche Gesetze willst du fürchten, wenn du tanzt, aber gegen niemandes eiserne Kette stolperst? Und wer ist derjenige, der dich vor Gericht bringen wird, wenn du dein Gewand zerreißt, es niemandem im Weg sein lässt? Leute von

Orphalese, ihr könnt die Trommel dämpfen und die Saiten der Leier lockern, aber wer wird der Feldlerche befehlen, nicht zu singen?

§§§§§§§§§§§§§§§§§§§§§

# STRAFTAT UND BESTRAFUNG

Oft habe ich euch über jemanden, der ein Unrecht begangen hat, sprechen hören, als wäre er keiner von euch, sondern ein fremder Eindringling in eurer Welt. Ich aber sage euch, dass auch die Guten und Gerechten unter euch sich nicht über das Höchste erheben können, das generell im Menschsein schlummert. So können auch die Bösen oder Schwachen nicht tiefer fallen als das Niedrigste, das in eurem eigenen Denken verborgen ist. Und wie ein einzelnes Blatt nicht gelb werden kann, ohne das stille Wissen des ganzen Baumes, so kann auch der Übeltäter ohne die unbewusste Genehmigung von euch allen kein Unrecht tun.

Wie bei einer Prozession geht ihr alle gemeinsam der Verwirklichung eures Gott-Selbstes entgegen. Ihr seid der Weg und zugleich die Wanderer auf diesem, die ihn erschaffen haben. Und wenn einer von euch hinfällt, fallen die hinter ihm auf ihn, als Warnung vor dem Stolperstein. Aber er fällt auch für die vor ihm, die es versäumt haben, den Stolperstein zu beseitigen, obwohl sie schneller und sicherer zu Fuß sind.

Und hierzu noch etwas, obwohl die Worte schwer auf euren Herzen liegen mögen: Der Ermordete hat durch seine Ängste oder sein Verhalten seinen Mord seit langem vorbereitet und auch der Beraubte ist durch seine Verlustangst nicht schuldlos daran, beraubt zu werden. Denn wisset, der Gerechte ist nicht unschuldig an den Taten der Bösen und der, der sich die Hände in Unschuld wäscht, ist nicht sauber aus der Sicht des Verbrechers. Ja, die Schuld liegt sogar oft beim Opfer des Verletzten.

Und noch öfter trägt der Verurteilte die Last für die Schuldlosen und Unbescholtenen.

Ihr könnt nicht die Gerechten von den Ungerechten und die Guten von den Bösen trennen; denn sie stehen zusammen vor dem Angesicht der Sonne, wie der schwarze Faden und der weiße Faden miteinander verwoben sind. Und wenn der schwarze Faden reißt, muss der Weber das ganze Tuch durchsehen und auch den Webstuhl untersuchen.

Wenn jemand von euch eine untreue Frau vor Gericht bringen will, möge er auch das Herz ihres Mannes mit einer Waage wiegen und den Zustand seiner Seele beurteilen. Und wer einen Übeltäter verurteilen will, möge zunächst auf den Geist des Übeltäters schauen.

Und wenn einer von euch im Namen der Gerechtigkeit strafen will und die Axt an den bösen Baum legt, lasst ihn zunächst nach den Wurzeln sehen. Und mit Sicherheit wird er Wurzeln des Guten und des Bösen finden, fruchtbares und fruchtloses – alles zusammen verwoben im stillen Herz der Erde.

Und ihr Richter, die ihr gerecht sein wollt: Welches Urteil fällt ihr über jenen, der zwar ehrlich im Fleisch, aber ein Dieb im Geiste ist? Welche Strafe legt ihr auf den, der im Fleisch mordet, aber selbst im Geist getötet wird? Und wie verfolgt ihr jenen, der in der Tat ein Betrüger und Unterdrücker ist, der aber einst auch selbst gekränkt und empört wurde?

Und wie werdet ihr diejenigen bestrafen, deren Reue bereits größer ist als ihre Missetaten? Ist Reue nicht die Gerechtigkeit, die durch eben dieses Gesetz bewirkt werden soll, dem du so gerne dienst? Doch man kann den Unschuldigen keine Reue auferlegen und sie nicht aus dem Herzen des Schuldigen nehmen.

Ungebeten soll es in der Nacht rufen, damit die Menschen erwachen und sich selbst betrachten. Und du, der du Gerechtigkeit verstehen willst, wie sollst du es tun, wenn du Misse-Taten nicht von allen Aspekten her betrachtest?

Nur dann wirst du wissen, was die aufrechten und die gefallenen Seiten eines Menschen sind, der in der Dämmerung steht zwischen der Nacht seines Pygmäen-Selbstes und dem Tag seines Göttlichen Selbstes. Und dass der Eckstein des Tempels der Menschheit nicht höher ist als der niedrigste Stein in seinem Fundament.

§§§§§§§§§§§§§§§§§§§

# GOTT

In uralten Zeiten, als sich die ersten Zuckungen meiner Zunge regten, erklomm ich den Heiligen Berg und sprach zu Gott:
„Meister, ich bin Dein Sklave. Dein verborgener Wille ist mir Gesetz und ich werde Dir in alle Ewigkeit dienen".
Aber Gott antwortete mir nicht und mich umhüllte Stille nach dem heftigen Sturm.

Als eintausend Jahre vergangen waren, stieg ich wieder auf den Heiligen Berg und sprach zu Gott:
„Mein Schöpfer, ich bin Dein Kunstwerk. Du hast mich aus Ton erschaffen und Dir gehört alles, was ich bin."
Und wiederum antwortete Gott nicht, sondern alles löste sich auf mit tausend schnellen Flügelschwingen.

Als nochmals eintausend Jahre vergangen waren, bestieg ich den Heiligen Berg und sprach zu Gott:
„Vater, ich bin Dein Sohn. Durch Schmerz und Liebe hast du mich geboren und durch Liebe und Anbetung werde ich einst Dein Reich erben."
Aber Gott antwortete nicht , sondern verschwand wie ein Nebel, der entfernte Hügel verschleiert.

Und wieder waren eintausend Jahre vergangen, als ich erneut den Heiligen Berg bestieg und zu Gott sagte:

„Mein Gott, mein Ziel und meine Erfüllung; ich bin Dein Gestern und Du formst mein Morgen. Ich bin Deine Wurzel in der Erde und du bist meine Blume im Himmel und gemeinsam wachsen wir im Angesicht der Sonne.“

Da beugte sich Gott zu mir herab und flüsterte mir süße Worte ins Ohr. Und wie das Meer einen Bach umhüllt und empfängt, der zu ihm hinfließt, umfing er mich mit seiner Liebe.

§§§§§§§§§§§§§§§§§§§§§§§§

# DER ASTRONOM

Im Schatten des Tempels sahen mein Freund und ich einen blinden Mann alleine sitzen. Und mein Freund sagte: „ Schau, das ist der weiseste Mann unseres Landes." Dann verließ ich meinen Freund, ging zu dem Blinden und begrüßte ihn. Und wir haben uns unterhalten.

Nach einer Weile sagte ich: „Bitte vergeben Sie mir meine Frage – aber seit wann sind Sie denn blind?"
„Von Geburt an," antwortete er.
Und dann fragte ich ihn: „Welchem Pfad der Weisheit folgen Sie denn?"
Hierauf erwiderte er: „Ich bin Astronom." - Dann legte er seine Hand auf seine Brust nahe dem Herzen und klärte mich auf: „Hier drinnen beobachte ich all diese Sonnen, Monde und Sterne des Universums."

§§§§§§§§§§§§§§§§§§§§§

# DIE BEIDEN EINSIEDLER

Auf einem einsamen Berg lebten einst zwei Einsiedler, die an Gott glaubten und einander liebten. Der einzige Besitz von beiden war ein Krug aus Ton.

Eines Tages überschattete ein böser Geist das Herz des älteren Einsiedlers und er ging zu dem jüngeren und sprach: „Ich denke, wir haben nun lange genug zusammen gelebt und nun ist es Zeit für uns, sich zu trennen. Lass uns unsere Besitztümer teilen."

Das stimmte den jüngeren Einsiedler sehr traurig und er erwiderte: „Es schmerzt mich Bruder, dass du mich verlassen willst. Aber wenn du gehen musst, so soll es sein." Und dann brachte er den Tonkrug und überreichte ihn dem älteren Einsiedler mit den Worten: „Da wir ihn nicht teilen können Bruder, so soll er deiner sein."

Hierauf antwortete der ältere von beiden: „Ich kann keine Almosen akzeptieren! Ich will lediglich den mir zustehenden Anteil mitnehmen. Daher muss er geteilt werden!"

Da sagte der jüngere Einsiedler: „Wenn der Krug zerbrochen ist, welchen Nutzen hätte er dann noch für dich oder mich? Wenn du möchtest, können wir ja eine Münze darum werfen."

Hierauf erwiderte der ältere Einsiedler: „Ich will lediglich Gerechtigkeit und das, was mir gehört haben und daher werde ich mein Eigentum nicht irgendeinem Zufallsgewinn anvertrauen! Der Tonkrug muss zerteilt werden!"

Dem jüngeren Einsiedler fielen nun keine weiteren Argumente mehr ein und sagte resigniert: „Wenn du das wirklich willst, dann lass uns jetzt unseren Tonkrug zerbrechen."

Nun aber wurde das Gesicht des älteren Einsiedlers dunkel vor Wut und er schrie: „Oh du verfluchter Feigling, du willst einfach nicht kämpfen!"

§§§§§§§§§§§§§§§§§§§§§§

# DAS GRÖßERE MEER

Meine Seele und ich gingen zum Baden ans große Meer. Und als wir die Küste erreichten, machten wir uns auf die Suche nach einem verborgenen und einsamen Ort.

Als wir so den Strand entlang gingen, sahen wir einen Mann auf einem Felsen sitzen, der aus einer Tüte Salzprisen nahm und sie hinunter ins Meer streute.
„Das ist ein Pessimist", meinte meine Seele. „Lass uns diesen Ort verlassen, hier können wir nicht baden."

Also gingen wir weiter, bis wir schließlich eine Bucht erreichten. Dort sahen wir einen Mann auf einem weißen Felsen stehen, der eine juwelenbesetzte Schachtel in der Hand hielt, aus der er Zucker nahm und weit ins Meer hinaus schleuderte.
„Und das ist der Optimist", stellte meine Seele fest. „Der muss ebenfalls nicht unsere nackten Körper sehen."

Als wir dann weiter gingen, entdeckten wir einen Mann, der tote Fische aufsammelte und sie zärtlich ins Wasser zurück brachte.

„Und vor ihm können wir auch nicht baden", sagte meine Seele. „Er

ist ein menschlicher Wohltäter."

Im Weitergehen kamen wir schließlich zu einem Mann, der seinen Schatten in den Sand zeichnete, bis eine große Welle kam und das Abbild wieder zerstörte. Aber er fuhr fort damit, immer und immer wieder.

„Das ist der Mystiker", meinte meine Seele. „Lass uns besser wieder gehen".

Weiter hinten am Strand beobachteten wir einen Mann, der den Meeres-Schaum abschöpfte und ihn in eine Alabaster-Schale goss.

„Er ist ein Idealist", stellte meine Seele fest. „Er sollte mit Sicherheit nicht unsere Nacktheit sehen".

Als wir weiter gingen, hörten wir plötzlich eine Stimme weinen.

„Das ist das Meer. Das ist das tiefe tiefe Meer. Dies ist das weite und mächtige Meer." Und als wir zu dem Verursacher der Stimme kamen, sahen wir einen Mann, der mit dem Rücken zum

Meer stand und eine große Muschel an sein Ohr hielt, um ihr Rauschen zu hören.

Aber meine Seele sagte: „Lass uns weiter ziehen. Er ist ein Realist, der dem Ganzen, das er nicht beherrschen kann den Rücken zuwendet und sich deshalb mit Anteilen begnügt."

Also gingen wir weiter und kamen zu einem Mann, der seinen Kopf im Sand vergraben hatte. Und ich sagte zu meiner Seele: „Hier können wir baden, weil er uns nicht sehen kann!"

„Nein", erwiderte meine Seele, „weil er der tödlichste von allen ist: er ist ein Puritaner."

Und dann kam eine große Traurigkeit über das Angesicht meiner Seele und in ihre Stimme: „Lass uns fortgehen", sagte sie, „es gibt hier einfach keinen verborgenen und einsamen Platz, an dem wir baden könnten. Ich möchte nicht, dass dieser Wind mein goldenes Haar zerzaust, oder meine weiße Brust in dieser Luft entblößt sehen und auch nicht, dass dieses Licht meine heilige Nacktheit offenbart."

Also verließen wir diese Küste, um das ganz Große Meer zu suchen.

§§§§§§§§§§§§§§§§§§§§§§§

# DAS SCHNEEWEIßE BLATT PAPIER

Ein schneeweißes Blatt Papier sprach zu sich selbst: „Rein wurde ich geschaffen und will für immer rein bleiben. Ich würde lieber verbrannt und zu schneeweißer Asche werden, als mich von der Dunkelheit berühren zu lassen, oder akzeptieren, dass sonst irgend etwas Unreines in meine Nähe kommt."

Das Tintenfass hörte, was das Papier sagte und es lachte in seinem dunklen Herzen; aber es wagte niemals, sich ihm zu nähern.
Und die vielfarbigen Malstifte hörten dies ebenfalls und auch sie vermieden es, sich dem Papier zu nähern.

Und das schneeweiße Blatt Papier blieb jungfräulich rein und keusch – rein und keusch – und für immer leer und unbeschrieben.

§§§§§§§§§§§§§§§§§§§§§

# DAS AUGE

Eines Tages sagte das Auge: „Hinter diesen Hügeln sehe ich einen Berg, der von blauem Nebel umhüllt ist. Ist das nicht wunderschön?"

Das Ohr hörte dies und nachdem es eine Weile intensiv in die Ferne gehört hatte, sagte es: „Aber wo gibt es denn einen Berg – ich höre ihn nicht!"
Und hierauf hin meldete sich die Hand und sprach: „Ich habe verzweifelt versucht den Berg zu fühlen und zu berühren, aber ich kann absolut keinen Berg finden!"
Jetzt schniefte die Nase: „Es gibt keinen Berg, da ich ihn nicht riechen kann!"

Dann wendete sich das Auge ab und alle anderen begannen sich über diese merkwürdige Illusion des Auges zu unterhalten. Und hierin waren sich alle einig: „Irgendetwas kann mit dem Auge nicht stimmen!"

§§§§§§§§§§§§§§§§§§§§§

# WISSEN UND HALBWISSEN

Vier Frösche saßen auf einem Baumstamm, der am Ufer eines Flusses trieb. Plötzlich wurde der Baumstamm von der Strömung erfasst und schwemmte nun langsam den Bach hinunter. Die Frösche waren entzückt und fasziniert, denn sie waren noch nie zuvor gesegelt.

Endlich räusperte sich der erste Frosch und sprach: „Dies ist in der Tat ein ganz wunderbares Geschehen. Das Holz bewegt sich, als wäre es lebendig. Ich habe vorher noch nie von solch einem Baumstamm gehört!"

Nun sprach der zweite Frosch: „Nein, mein Freund, dieser Baumstamm ist wie andere Baumstämme auch und bewegt sich nicht. Es ist der Lauf des Flusses, der sich in Richtung Meer bewegt und uns und den Baumstamm mit sich trägt."

Hierauf meldete sich der dritte Frosch zu Wort und sprach: „Es ist weder der Baumstamm, noch der Fluss, die sich bewegen. Das Bewegen findet in unserem Denken statt. Denn ohne Gedanken bewegt sich gar nichts."

Und nun begannen sich die drei Frösche darüber zu streiten, was sich wirklich bewegte. Der Streit wurde immer heftiger und lauter, aber sie konnten sich nicht einigen.

Dann wandten sie sich an den vierten Frosch, der bis dahin zwar aufmerksam zugehört, aber geschwiegen hatte und fragten ihn nach seiner Meinung.

Und der vierte Frosch sagte: „Jeder von euch hat recht und keiner von euch hat unrecht. Der Baumstamm bewegt sich, das Wasser ebenfalls, sowie auch unsere Gedanken."

Da wurden die drei Frösche sehr wütend, denn keiner von ihnen wollte zugeben, dass die von ihm geäußerte Ansicht nicht die einzig richtige war und die anderen beiden ebenfalls nicht ganz unrecht hatten.

Und dann passierte etwas sehr Seltsames: Die drei Frösche schlossen sich zusammen und stießen den vierten Frosch vom Baumstamm runter ins eiskalte Flusswasser.

Der aber strandete durch Zufall in einer großen saftigen Mücken-Kolonie und lebte fortan ein zutiefst glückliches Leben.

§§§§§§§§§§§§§§§§§§§§

# DIE DREI AMEISEN

Eines Tages trafen sich drei Ameisen auf der Nase eines Mannes, der in der Sonne schlief. Und nachdem sie einander je nach der Sitte ihres Stammes begrüßt hatten, begannen sie eine Unterhaltung.

Die erste Ameise sagte: „Dieses Hügel und Ebenen sind die kargsten, die ich kenne. Ich habe den ganzen Tag nach irgendeinem Korn gesucht, aber es ist absolut nichts zu finden!"

Nun meldete sich die zweite Ameise zu Wort: „Ich habe auch nichts gefunden, obwohl ich jeden Winkel und jede Lichtung abgesucht habe. Ich glaube, dass ist das, was mein Volk das weiche, sich bewegende Land nennt, auf dem rein gar nichts wächst."

Nun hob die dritte Ameise ihren Kopf und verkündete: „Meine lieben Freunde, wir befinden uns jetzt auf der Nase der Göttlichen Ameise, deren Körper so groß ist, dass wir Ihn nicht wahrnehmen können und dessen Schatten so überdimensional ist, dass wir Ihn nicht verfolgen können. Seine Stimme ist so laut, dass wir sie nicht hören können und Er ist allgegenwärtig."

Kaum hatte die dritte Ameise ihren Vortrag beendet, sahen sich die anderen Ameisen an und prusteten laut los vor Lachen.

In diesem Moment bewegte sich der Mann, hob im Schlaf seine Hand, kratzte sich an seiner Nase und zerquetschte die drei kleinen Ameisen.

§§§§§§§§§§§§§§§§§§§§§

# DER GRASHALM UND DAS HERBSTBLATT

Einst sagte ein Grashalm zu einem Herbstblatt: „Du machst einen solchen Lärm beim Herunterfallen! Damit zerstreust du all meine schönen Winterträume."

Das Herbstblatt erwiderte empört: „Du niedrig-geborenes und unten-wohnendes, gesang-loses und und verdrießliches Ding! Da du nicht in der Luft oben wohnst, kannst du den Klang des Singens nicht erkennen!"

Darauf hin legte sich das Herbstblatt sachte auf die Erde und fing an zu schlafen. Und als dann der Frühling kam, wachte es wieder auf und war nun selbst ein Grashalm!

Und als es dann wieder Herbst wurde, legte sich die für Grashalme übliche Winter-Schläfrigkeit um sein Herz. Als dann die Luft angefüllt war mit fallenden Herbstblättern, murmelte sie zu sich selbst: „Ach, all diese Herbstblätter – sie machen einen solchen Lärm! Damit stören sie meine schönsten Winter-Träume!"

§§§§§§§§§§§§§§§§§§§§§

Viele Menschen in unserer „westlich orientierten Welt" fühlen sich heutzutage oft durch Stress und Leistungsdruck ausgelaugt und wissen manchmal gar nicht mehr, wer sie eigentlich wirklich sind, oder – in depressiven Schüben – was der Sinn ihres Daseins ist.

Diese fatale Situation ist wahrscheinlich entstanden, weil sich die Menschheit inmitten einer weltweiten Zeitenwende befindet, die völlig neue Denkansätze und Wertvorstellungen erfordert, auf die sich jedoch die wenigsten einlassen wollen.

Nach mehr als zwei Jahren mehrfach wiederholtem Corona-Lockdown klammern sich viele von uns an altvertraute Gesellschaftsstrukturen (bis hin zu einer exzessiven „Spaß-Gesellschaft" oder rein materiellen Zielsetzungen) und möchten daher am liebsten die Zeit auf eine „Vor-Covid-Situation" zurück drehen. Jedoch spüren bereits einige ganz tief in ihrem Inneren, dass nichts mehr so sein wird, wie es einmal war:  u. a., weil unser bisheriges Konsum-Verhalten in den kommenden Jahren voraussichtlich immer weniger relevant sein wird – da es in Zukunft viel mehr um innere

Werte, Gemeinschafts-Denken und Mit-Menschlichkeit, bzw. um eine aktive, kreative und individuelle Selbstverwirklichung gehen wird.

Das ist einer der Gründe, warum ich die Lebensweisheiten von Kahlil Gibran nochmals neu im Sinne unserer heutigen Zeit übersetzt habe, da die von ihm behandelten Themen von solch einer zeitlosen Wahrheit sind, dass sie uns auch heute noch als Ratgeber dienen können, zumal es ja bei der momentanen „Zeitenwende" zunächst für den einzelnen Menschen um grundsätzliche Verhaltens-Änderungen und Klarstellungen in emotionaler Hinsicht geht.

Viele Menschen der „modernen Gesellschaft" haben sich in den vergangenen 70 Jahren durch gezielte Werbe-Manipulationen, Glaubenssätze und Konsumdenken fast schon zu – wie viele meinen - „gut funktionierenden Marionetten" einer mehr oder weniger reibungslos „voran schreitenden" Wirtschaft entwickelt, ohne dabei glücklicher oder zufriedener zu sein, als es schätzungsweise die Menschen zu Kahlil Gibran's Lebzeiten waren. Die von ihm in seinem „Propheten" angesprochenen Themen betreffen uns heutzutage möglicherweise sogar mehr als damals, da unsere Gefühle in vieler Hinsicht „verroht" und abgestumpft geworden sind.

Wenn es nun tatsächlich so sein sollte, dass in den kommenden Jahren und Jahrzehnten Kreativität, Intuition, Selbstfindung, Selbst-Verwirklichung, Gleichberechtigung und Mitgefühl eine entscheidende Rolle in unserer Menschheits-Entwicklung spielen werden, muss nicht nur die gesamte Schulausbildung neu definiert und organisiert werden, sondern auch die globale Weltwirtschafts-Struktur.

Beispielsweise üben viele von uns noch heute die für ihre persönlichen Veranlagungen „unpassenden" Berufe aus, da sie (oder ihre Erziehungsberechtigten) bei der ersten Berufswahl nur auf die eigene Nachfolge, Verdienst-Möglichkeiten oder auch den Arbeitsmarkt-Bedarf geachtet haben, ohne die individuellen Begabungen der oder des Auszubildenden zu berücksichtigen. Interessanterweise leiden gerade diese Menschen dann später während ihrer Berufs-Ausübung oft unter Mobbing und zudem fühlen sie sich ausgelaugt oder unzufrieden - bis hin zum „burnout-Syndrom". Manche bleiben auch dauerhaft arbeitslos, wenn sie einmal ihren Job verloren haben, da ihnen niemand hilft, ihre eigentlichen Begabungen heraus zu finden. Inzwischen haben einige Arbeitsämter, aber auch Arbeitgeber dies erkannt und bieten Eignungstests an, bei denen jedoch oft geniale, intuitive oder auch rein künstlerische Begabungen (rechte Gehirn-Hälfte) auf der Strecke bleiben, da zumeist nur das logische Denkvermögen getestet wird. Zudem gibt es für spirituell erwachende Menschen seit einigen Jahren einen Online-Berufungskongress, bei dem verschiedenste Sprecher/innen ihren ganz persönlichen Weg zur Selbstfindung und Selbstverwirklichung beschreiben - was eine ganz wunderbare Hilfe in diesen äußerst schwierigen Zeiten ist.

Jeder einzelne Mensch kommt von Geburt an mit ganz bestimmten Veranlagungen und Lebens-Aufgaben in diese Welt, die man als seine ganz persönliche individuelle „innere Bestimmung" (=Determination) bezeichnen könnte. Wenn sie oder er diese über einen längeren Zeitraum hinweg nicht lebt oder aufgrund von Eltern, Ausbildungsvorschriften, Arbeitgebern oder Arbeitsamt nicht erfüllen kann, stellen sich im Laufe der Jahre Unzufriedenheit, Energielosigkeit, Mobbing durch Arbeits-Kolleg/innen, „burnout-syndrom" oder auch kleinere Missgeschicke und Erkrankungen ein, bis ein Mensch dann endlich von selbst innehält und beginnt, sich Gedanken über seine eigentlichen Talente zu machen und diese dann auch zu verwirklichen. Wenn er dies nicht tut, werden die Krankheiten zumeist chronisch, oder es passiert ein lebensverändernder Unfall, der dann auf diese Weise zum „Aufwachen" zwingt.

Die wenigen Menschen, die (entweder ganz bewusst oder manchmal auch „rein zufällig") schon zu Anfang ihres Erwachsenenseins ihre „Berufung" gefunden haben und dies auch ganz konsequent leben, sind oft innerlich stark, beliebt und machen den Eindruck, unangreifbar zu sein. Sie bleiben weitgehend lebenslang gesund und haben oft wesentlich mehr Energie, Kreativität und Schaffensfreude als diejenigen, die ihre „innere Berufung" nicht leben. Sie sind zumeist auch ausgeglichener, zufriedener und möglicherweise auch „glücklicher" als die meisten anderen.

Auch „Elternschaft" ist als eine Art von „Beruf(ung)" anzusehen, denn es sind bei weitem nicht alle Frauen als Mutter oder Hausfrau geeignet und so manche Männer würden viel lieber Kinder und Haushalt versorgen...
Verschiedenste Zukunftsvisionen prognostizieren Gemeinschaftsformen, in denen zwar alle Frauen (die wollen) Kinder gebären, diese aber jedoch nicht selbst durch deren Kindheit begleiten müssen, sondern nur diejenigen Frauen und Männer, die Kinder-Erziehung als ihre Berufung

erkannt haben. Alle anderen sollen ihren persönlichkeits-spezifischen Veranlagungen und Berufungen nachgehen können, denn für die menschliche Entwicklung und die Selbst-Verwirklichung ist es essentiell wichtig, einer Sinn-erfüllenden Beschäftigung nachzugehen.

Kinder sind in unseren heute noch üblichen Kleinfamilien und noch viel mehr in Allein-Erziehungs-Situationen gerade in jungen Jahren der direkteste Spiegel unserer eigenen Emotionen. Wenn wir sie ebenso vorbehaltlos lieben würden, wie sie uns und wenn wir ihnen wirklich verständnisvoll zuhören würden, könnten wir von ihnen sicherlich manchmal mehr über uns selbst lernen, als im intensivsten Partnerschafts-Austausch.

Seit etwa 30 Jahren werden weltweit zwar noch vereinzelt, aber doch immer häufiger, sehr besondere Kinder geboren, die manche „Kristall-oder auch Indigo-Kinder" nennen. Sie bringen schon von vorne herein ein derart erstaunliches (intuitives) Wissen und eine geistige Klarheit mit, die das Wissen ihrer jeweiligen Eltern zumeist in jeder Hinsicht „überflügeln". Diese Seelen kommen tatsächlich aus dem „Haus von Morgen", von dem Kahlil Gibran schon vor hundert Jahren gesprochen hat: sie sind Boten und

Repräsentantinnen des Neuen (Wassermann)-Zeitalters mit komplett eigenständigen neuen Wertvorstellungen und Lebensziel-Setzungen, die gewissermaßen ihr ganz „eigenes Entfaltungs-Programm" schon in sich tragen und mit aller Vehemenz verwirklichen wollen. Die Schul-Psychologie diagnostiziert bei solchen Kindern leider allzu oft ADHS und rät zu Ritalin-Gaben oder anderen Beruhigungsmitteln. So werden diese wunderbaren Kinder allzu oft ausgebremst und betäubt, nur weil ihre „Erziehungs-Berechtigten" nicht mit ihren äußerst klugen Fragen und ihrem oft überschäumenden Temperament klar kommen können. Es stimmt mich sehr traurig zu beobachten, wie viele dieser genial talentierten Kinder bereits bleibend geschädigt und dadurch oft lebenslang aus dem inneren Gleichgewicht gebracht wurden.

Nur manche dieser Kinder haben Glück und werden von verständnisvollen Eltern erkannt und entsprechend gefördert. Die „genial" Begabten, die in „Hoch-Begabten-Instituten" landen, fühlen sich manchmal trotz aller Förderung unfrei und eingesperrt, da sie sich als wahre „Frei-Geister" ganz schlecht in pädagogische Regelungen einfügen können.

Die Lebensumstände der Kindheit, Eltern und Geschwister sind Determination und Prägung für uns hier im drei-dimensionalen Erleben (=dass ist das, was uns gestern, heute und morgen „passiert"). In einer anderen „Seins-Dimension" hat sich unsere Seele natürlich schon von vorne herein ein entsprechendes persönliches Umfeld ausgesucht, um ganz bestimmte Dinge in diesem Leben zu lernen.

Sobald wir „erwachsen" sind, hat jede/r von uns die Möglichkeit aber auch die Eigen-Verantwortung, durch die Anwendung des „freien Willens" klar definierte persönliche Entscheidungen treffen zu lernen, was heutzutage leider immer noch die Wenigsten tun. Wir fühlen uns abhängig von gesellschaftlichen oder auch religiösen Normen und vermeintlichen Verpflichtungen, haben Angst, durch die eigene Meinung oder ein individuelles Urteil aus der Reihe zu tanzen und verstecken uns hinter dem emotionslosen Schild einer grauen „angepassten" Menschenmasse.

Und doch ist der „freie Wille" und die daraus folgende bewusste individuelle Entscheidung genau das, was uns Menschen vom Tier unterscheidet. Wild lebende Tiere sind eingebunden in die Determination der naturverbundenen Gesetzmäßigkeiten ihres Rudels und auch für Haustiere ist zunächst einmal die jeweilige Menschen-Familie das Rudel. Allerdings können gerade Katzen oder auch Hunde eine so intensive Verbindung zu ihren Besitzer/innen haben, dass sie liebevolle Betreuungs-Funktionen übernehmen, bzw. selbst ein telepathischer Informations-Austausch mit ihnen möglich erscheint.

Und hier kommen wir zu den „neuen" Sinnen, die wir im Rahmen dieser aktuellen Zeitenwende „wieder entdecken" dürfen: so, wie unsere liebenden Haustiere mit uns mitfühlen, wenn es uns schlecht geht, oder wenn wir Hilfe brauchen, so sollten auch wir die Menschen unseres persönlichen Umfeldes beobachten lernen und helfend eingreifen, wenn dies notwendig ist. Diese Form der „altruistischen Liebe" ist vielen Großstädtern abhanden gekommen, da Egozentrik und „jede/r gegen jede/n - Leistungskampf" sie taub und blind gemacht hat für Mitmenschlichkeit und Herzenswärme. Aber nicht nur das, sondern durch die einseitige Fixierung auf „Social Media" ist vielen der Sinn für den Reichtum der Natur komplett verloren gegangen.

Gemeinsam mit der wieder belebten Empathie für andere Menschen stärken wir u.a. auch unsere eigene Intuition. Manche nennen dies ihr „Bauch-Gefühl" und andere wiederum ihre „Innere Stimme" oder ihr „inneres Kind" – es ist jedenfalls ein ganz wunderbares Instrument, etwas über sich selbst zu erfahren und mehr und mehr in den ureigensten Rhythmus zu kommen: ES IST ALLES BEREITS IN UNS VORHANDEN – WIR MÜSSEN ES NUR VOM UNBEWUSSTEN INS BEWUSST-SEIN HOLEN.

Ein weiterer zu entwickelnder Sinn, der jetzt schon vermehrt bei hoch-sensiblen Menschen auftaucht, ist die „Hell-Fühligkeit" (=Instinkt) – das ist nichts anderes, als die Essenz bestimmter Situationen zu „erspüren", mit denen wir von „außen" her konfrontiert werden: wenn wir z.B. spontan spüren, dass uns gleich jemand anrufen wird, mit dem wir schon seit Monaten nichts mehr zu tun hatten, oder wir gerade noch rechtzeitig aus einer Gefahren-Situation fliehen, weil wir es kurz vorher „gespürt" haben.

„Hell-Hörigkeit" gehört ebenfalls zu diesen neu zu entwickelnden Sinnen, die heutzutage jedoch zumeist aber immer noch generell als „Tinitus" behandelt wird, obwohl dies nur auf einige Fälle zutrifft. Auch die in vergangenen Jahrhunderten nur wenigen Menschen beschiedene „Hellsichtigkeit" wird in zukünftigen Generationen einen ganz anderen Stellenwert erhalten und vielleicht einmal allen zugängig sein.

Was wir noch von unseren Haustieren lernen können, ist „thelepatischer Austausch" – das ist die gefühlsmäßig fokussierte Kommunikation ohne Worte mit einer anderen Wesenheit. Derzeit gelingt dies nur manchmal mit geliebten Haustieren oder Familien-Angehörigen, aber je weiter wir unsere Fähigkeit zu „altruistischer Liebe" entwickeln, um so klarer werden die empfangenen und gesendeten „Bilder der Telepathie".
Bei indigenen Völkern, in intensiven Eltern-Kind-Beziehungen oder auch Liebes-Partner-Beziehungen ist diese Fähigkeit noch manchmal vorhanden: wenn wir z.B. plötzlich „im Kopf" eine lautlose Stimme hören, dass jemand in Not ist oder Hilfe braucht, los rennen und heraus finden, dass wir Recht gehabt haben....

Alle Lebewesen auf dieser Erde kommunizieren auf telepathische Art und Weise, nur wir „zivilisierten" Menschen haben es „vergessen", bzw. es durch Wort, Schrift und Logisches Denken verdrängt. Wenn wir beginnen, mit und für die Natur, anstatt gegen sie ausbeuterisch zu leben und zu handeln, wird sich uns Menschen eine Fülle neuer Verhaltens-Möglichkeiten auftun.

Für viele Menschen ist diese Entwicklung von neuen Sinnen, bzw. den „höheren Oktaven" bereits vorhandener Sinne gewissermaßen „Zukunfts-Musik", da sie noch viel zu sehr mit dem Alltags-Geschehen und ihren persönlichen Klein-Kriegen beschäftigt sind.

Daher geht es vorerst darum, durch Meditation und ähnliche Praktiken zu lernen, das Stimmengewirr unserer Alltagsgedanken zum Schweigen zu bringen und aus der Stille heraus auf die Signale des eigenen Körpers und die Verhaltensweisen von anderen Menschen, die uns begegnen achten zu lernen, wobei uns dann das bewusste Pflegen von Empathie (=Einfühlungs-Vermögen) sicherlich eine gute Hilfe sein kann.

§§§§§§§§§§§§§§§§§§§§§

Printed in Great Britain
by Amazon

82342538R00059